SÒNIA BRAVO CLARISÓ

SUSPIROS

ExLibric

ANTEQUERA 2024

SUSPIROS

Idea original: Sònia Bravo Clarisó
Texto: Sònia Bravo Clarisó
Edición y maquetación: Mercè Mayench Vicens
Fotografía: Anna Claret Palau, Sònia Bravo Clarisó y Mercè
Mayench Vicens. Inteligencia artificial
Corrección ortotipográfica: Mercè Seyós Solà

Iª edición

© ExLibric, 2024.

Editado por: ExLibric
c/ Cueva de Viera, 2, Local 3
Centro Negocios CADI
29200 Antequera (Málaga)
Teléfono: 952 70 60 04
Fax: 952 84 55 03
Correo electrónico: exlibric@exlibric.com
Internet: www.exlibric.com

ISBN: 979-13-87528-27-0
Depósito Legal: MA 2878-2024

Impresión: PODiPrint
Impreso en Andalucía - España

Nota de la editorial: ExLibric pertenece a Innovación y Cualificación S. L.

SÒNIA BRAVO CLARISÓ

U
S
P
I
R
O
S
/
Mi
des-
pertar
des-
pués
del
cán-
cer

SUSPIROS

Mi despertar después del cáncer

Gracias, gracias infinitas...

Y ahora se preguntarán a quién va dedicado. Permítanme decirles que está dedicado a mi persona, a mi forma de ser, a mi perseverancia y valentía, que la vida me ha brindado por mi determinación de no rendirme y seguir adelante.

Índice

12   Introducción

16   ¿Quién soy yo?

19   El papel de padres

23   Mi viaje personal hacia la conciencia

34   Mi historia

58   Descubriendo mi presente, mi
trayectoria

66   Epílogo

72   Agradecimientos

Introducción

Soy una simple mujer de 49 años que, después de sufrir y recuperarme de un cáncer de mama, tengo la necesidad de explicar mi transformación.

Mi principal objetivo al compartir mi historia es inspirar a otros a creer en la posibilidad de transformar sus vidas a través de la comunicación.

No pretendo indicar cómo debes vivir, ni darte consejos; simplemente comparto mi experiencia personal.

Si este libro ha llegado a tus manos, es posible que pueda ofrecerte apoyo si estás atravesando un difícil momento, enfrentando una enfermedad, una pérdida o recuperándote de un accidente.

Antes de comenzar, quisiera destacar que mi intención no es persuadir a nadie, sino más bien ofrecer ayuda. No sigo ningún dogma religioso en particular, aunque creo en algo superior; ya sea Dios, Energía, Luz, Ser, Todo o Universo. Siento que existe algo que me sustenta, que soy parte de ello y que forma parte de mí. Somos uno.

Antes de mi enfermedad, y quisiera llamarlo por su nombre, cáncer, simplemente vivía sin cuestionar, siguiendo las normas establecidas y sin conectar con mis sentimientos. Seguía las pautas que me marcaba la sociedad y lo que me enseñaron mis padres. Sin embargo, mi perspectiva ha cambiado. Ahora experimento la vida de manera más profunda y consciente.

Aprendo a vivir desde el amor, la gratitud y la compasión, aunque reconozco que es un proceso difícil y, a la vez, enriquecedor. Cada día me esfuerzo por escucharme a mí misma, cerrar los ojos para calmar mi mente y conectar con mis emociones. Aunque la vida agitada que llevamos a veces nos empuja a estar desconectados, he aprendido a reservarme tiempo para mí, para explorar mi mundo interior, aunque a veces mi ego me lo ponga complicado.

Ya hace cuatro años y medio de lo sucedido, fue durante la pandemia, el dichoso covid. Presenciamos una época de dolor y transformación. Muchos sufrieron, otros simplemente sobrevivieron, algunos experimentaron cambios profundos y, lamentablemente, muchos dejaron este plano terrenal.

Y mi reflexión a raíz de la pandemia, de superar el cáncer: ¡soy consciente de la suerte que tengo de estar y sentirme viva!
VIVA con mayúsculas, porque es así como me siento, y me tomo la vida como si fuese mi último suspiro.

Si me permiten, les hago la siguiente pregunta: ¿somos mejores o peores personas desde la pandemia?

¿Ustedes qué opinan?

Llegados a este punto, os preguntaréis quién soy yo

Me llamo SÒNIA BRAVO CLARISÓ, nacida en Lleida el 24 de abril de 1975.

Soy hija de **padre andaluz y de madre catalana,** tengo dos hermanos varones con los que me llevo cuatro años. Lamentablemente, uno de ellos falleció pocos días después de nacer. Aunque no tuve la oportunidad de conocerlo, desde que supe de su existencia, siempre lo tengo presente. Recientemente, descubrí que mi madre también sufrió una pérdida antes de mi nacimiento.

He tenido una infancia feliz y activa. Desde niña fui divertida y testaruda, típica de Tauro. Disfrutaba mucho dibujando y haciendo manualidades con arcilla. Bailar con mi padre en las fiestas locales era algo que adoraba. Me encantaba probar diferentes tipos de comida, tanto salada como dulce, aunque confieso que las verduras no eran mi fuerte. Cantar era otro pasatiempo favorito, aunque a menudo me pedían que me callara, ya que solía improvisar letras divertidas.

Disfrutaba de actividades al aire libre como montar en bicicleta, saltar a la comba y patinar. Sin embargo, durante la adolescencia, me volví más introvertida, menos deportista y llena de complejos e inseguridades. Tenía una voz crítica en mi cabeza, a la que ahora identifico como mi ego, y reconozco que no siempre tenía razón. ¡Qué útil habría sido darme cuenta antes!

Durante esa época, me encantaba salir a bailar a la discoteca con mis amigas y pasaba la mayor parte del tiempo en la pista de baile.

En una de esas noches en la discoteca, conocí a quien hoy es mi marido, mi compañero y mi mejor amigo. Llevamos más de veinticuatro años juntos, hemos formado una familia hermosa. Tenemos un hijo maravilloso del que me siento extremadamente orgullosa. Aunque intentamos tener un segundo hijo, lamentablemente sucedieron dos pérdidas que, en su momento, debido a mi dificultad para gestionar las emociones, no estaba preparada para compartir con nadie. Ahora ya puedo decir que tengo tres hijos.

En la actualidad, esos pequeños ocupan un lugar especial en nuestros corazones y reciben todo el amor que merecen. Estamos profundamente agradecidos por haber sido escogidos como sus padres, su familia.

Desde los diecisiete años, he estado inmersa en el mundo de la belleza. Cuando nació mi hijo hace diecisiete años, decidí emprender un nuevo camino abriendo mi propio salón de belleza con un horario flexible que me permitió conciliar mi papel de madre y profesional.

El papel de padres

Mi padre siempre ha sido un trabajador muy estricto. Se crio con ocho hermanos y, al poco de llegar a Lleida para tener una mejor vida, sufrió la pérdida de su padre, mi abuelo paterno (trabajar, trabajar y trabajar era la única opción). Ahora entiendo muchas cosas.

El ser estricto es lo que él aprendió para poder salir adelante y su manera de vivir la vida (como muchos de aquella época) en nuestra educación, notas, horarios, de cómo se tenían que hacer las cosas, qué era lo correcto... era su manera de demostrar su amor.

Mi madre es una mujer luchadora y cariñosa, la menor de tres hermanos, nacida en una pequeña casa de campo en un pueblo de Lleida. Desde niña trabajaba en el campo y lo que surgiera para ayudar a sostener a la familia y ahorrar para tener su propio hogar junto a mi padre. A lo largo de su vida, ha enfrentado numerosos desafíos y preocupaciones, lo que la ha llevado a ser una persona muy entregada y protectora, pero a veces ha descuidado su propia felicidad.

Foto: Anna Claret Palau

Como padres, siempre buscamos lo mejor para nuestros hijos. Ahora estoy aprendiendo a escuchar, a acompañarlos, guiarlos y asegurarles que estaremos siempre para apoyarlos en todo lo que necesiten. Es importante permitirles cometer errores, aprender de ellos, caer y levantarse, descubrir sus pasiones y tomar las riendas de su propia vida. Quiero que sean libres y también que aprendan a escuchar y amarse a sí mismos, a vivir desde su autenticidad y amor.

Mis padres siempre nos han enseñado a amar la naturaleza y a valorar la importancia de la familia. Aunque no éramos una familia muy religiosa, hicimos la comunión mi hermano y yo. Solíamos asistir a la iglesia en ocasiones especiales como bodas o funerales.

Recuerdo con cariño mi primera comunión ¡Me sentía como una princesa por un día, con mi precioso vestido, que aún conservo! Disfruté de los regalos, de la fiesta y guardo un precioso recuerdo de aquel momento. En aquella época, hacer la comunión era simplemente lo que se esperaba, sin más.

Quiero contarte que en casa casi nunca se hablaba de Dios o religión. Mis padres me inculcaron valores importantes: ser una buena persona, educada, responsable, estudiar para tener un buen futuro, trabajar, casarme, formar una familia... Todo ello era considerado como el camino hacia la felicidad, lo «normal». Sin embargo, ahora sé que esa no es la única forma de ser feliz, rotundamente.

Hoy entiendo que mis padres hicieron lo que creían correcto: trabajar duro para salir adelante, asegurar que sus hijos tuvieran una educación y oportunidades que ellos nunca tuvieron. Nunca nos faltó su amor y paciencia. Sin embargo, ¿fueron ellos felices en el camino? Esta reflexión me lleva a cuestionarme cómo podemos encontrar la verdadera felicidad más allá de las expectativas sociales o tradicionales.

Nadie les dijo lo valioso que era todo lo que estaban haciendo, pero también les faltó recordarles la importancia de amarse a sí mismos, escucharse, respetarse y explorar si eso era lo que realmente anhelaban. Tomarse un momento para respirar, permitirse reconocer sus emociones, incluso aquellas menos gratas, es vital para mantener el equilibrio. Las emociones no expresadas pueden llegar a enfermarnos.

Hoy comprendo que el propósito de la vida va más allá de los roles predefinidos. Agradezco mi lucha contra el cáncer, ya que fue a través de tan dura enfermedad que experimenté una transformación profunda, un despertar personal. Lamento que muchas veces las personas no apreciemos la importancia de estas lecciones hasta que nos enfrentamos a desafíos como accidentes graves, enfermedades o pérdidas cercanas.

Mi viaje personal hacia la conciencia (despertando del Matrix)

A lo largo de mi vida, siempre he anhelado ser peluquera, a pesar de la insistencia de mis padres en que era más conveniente trabajar en una oficina, cómoda y tranquila, sin trabajar los sábados... Pero finalmente decidí tomar una postura firme y les dije un rotundo «NO». Llegamos a un acuerdo: si completaba mi formación como auxiliar administrativa, me matricularían en una academia para obtener, en un año y medio, el título de peluquería y barbería. ¡Uf! Me costó mucho enfrentar sus expectativas, pero reuní el coraje necesario y les comuniqué mi decisión.

A pesar de ser una chica muy insegura y llena de miedos, tenía una certeza incuestionable: mi pasión por la peluquería. Disfrutaba creando verdaderas obras de arte temporales, y la interacción con las personas era algo que realmente me inspiraba. Ahora, en este instante, al reflexionar mientras escribo estas palabras, me doy cuenta de que quizás fue la primera vez que me detuve a escucharme a mí misma, sin saber muy bien qué estaba haciendo.

Con diecisiete años empecé con la peluquería y hasta hoy, que tengo mi propio salón hace ya diecisiete años (después de trabajar en diferentes salones y aprender de todos ellos, aunque siempre he dicho que nunca sería autónoma (aprendí que nunca digas nunca). Disfruto de mi trabajo, se puede decir que no voy a trabajar, sino a disfrutar. Y eso no lo puede decir todo el mundo. Cada vez me siento más orgullosa de la decisión que tomé y, sobre todo, de ser fiel a mis sentimientos, a mi forma de ser.

Siempre he sido una persona sumamente trabajadora, dedicando incontables horas, a menudo sin descanso para comer o ir al baño, pues así funcionaba según creía. Al igual que en los salones en los que he trabajado, como en mi propio negocio, siempre di lo mejor de mí e incluso un poco más. Ser autónoma implica llevarse el trabajo a casa, con la mente siempre activa en tareas como papeleo, promociones, ofertas; prácticamente no hay espacio para enfermarse ¡Como si fuera imposible para los autónomos enfermar! Resulta curioso, ¿verdad? Sumarle a esto el manejo de las redes sociales y la vida familiar solo complica aún más la situación. La pregunta persiste: ¿cómo se puede ser una madre, esposa, llevar un negocio y tener tiempo para ti? ¡Imposible! Para nosotras nunca hay tiempo, o eso pensaba en ese momento.

Tengo que decir que sin el apoyo de mi marido no me hubiera sido nada fácil. Él siempre me ha animado a hacer lo que creía correcto, siempre ha confiado en mí, incluso cuando yo misma dudaba (con miedos e inseguridades). Su disposición es incalculable, siempre me escucha y me apoya. A menudo me resulta difícil tomar decisiones y enfrentarme a los cambios; el miedo puede llegar a paralizarme. Solía buscar consejos de los demás debido a mis inseguridades, y el tiempo me ha dado una gran lección: **la respuesta está mi interior.** Aunque esta no sea la correcta, es mi decisión, lo que siento, y creo que es lo correcto para mí.

Cada persona tiene su manera de sentir, de valorar y es importante saber respetar, desde el amor incondicional, la diversidad de enfoques, ya que cada uno está en libertad de vivir su vida conforme a sus propias convicciones.

Todos estamos interconectados de alguna manera, y es necesario que coexistan tanto lo positivo como lo menos favorable para mantener un equilibrio en el universo. No lograba comprender la frase: «Todo es perfecto tal y como es». ¡CONFÍA!

¿Y tú qué opinas sobre este tema? ¿Confías?

Ahora lo entenderán: justo el día que yo decido montarme mi propio negocio, mi marido también necesitaba alimentar sus sueños. Su sueño era prepararse unas oposiciones y para ello solicitó una excedencia. Unas oposiciones las cuales aprobó y eso le permitió estar más presente en casa.

Actualmente, él disfruta de un buen empleo con horarios flexibles y se ha convertido en un padre excepcional, dedicando todo su tiempo disponible para apoyar en tareas escolares, actividades extracurriculares, visitas médicas y juegos, entre otras responsabilidades. Como compañero de vida, me brinda seguridad y confianza. Durante etapas en las que me sentía un poco histérica y estresada, él lograba infundirme equilibrio y tranquilidad. Durante mi enfermedad, siempre estuvo a mi lado, irradiando positividad a pesar de las dificultades. Su calidez y sus abrazos reconfortantes me hacen sentir protegida y amada en todo momento.

Ya te lo mencioné anteriormente, aprendí en la «vida de Matrix» que para que mi negocio y vida funcionaran bien, tenía que trabajar muchísimas horas. Era algo inevitable, no podía negárselo a nadie, incluso si no tenía tiempo ni para ir al baño o comer. Pero al abrir mi propio negocio y trabajar en lo que más me gustaba, esta vez a mi manera, me di cuenta de que estaba más que preparada para hacerlo, aunque ni siquiera yo lo supiera. Establecer un horario que me permitiera trabajar y disfrutar de mi hijo y mi familia se convirtió en lo más importante. Mis padres no pudieron disfrutar de muchas cosas con nosotros, y tenía muy claro que haría las cosas de manera diferente con mi hijo. No quería perderme nada, poder ir a reuniones, actuaciones y celebraciones escolares. Tuve la gran suerte de poder lograrlo siendo autónoma, y solo por eso valió totalmente la pena.

Tengo que agradecer la ayuda de mi marido, de mis padres y de mi suegra. Gracias a ellos, pude poner todas mis energías en ese nuevo proyecto y, después de un año de la existencia de mi proyecto, necesité buscar a alguien para que me ayudara en el salón.

Por aquel entonces el salón se llamaba **PERRUQUERIA SÒNIA BRAVO**, pero algo cambió después del diagnóstico. Os dejo un poco en suspense... Tranquila/o, te lo cuento más adelante.

Como te he mencionado, siempre he sido una persona responsable, ¡quizás incluso demasiado! Ja, ja, ja. Creo que un poco de locura no viene mal de vez en cuando, con ganas de vivir, viajar y disfrutar. También soy bastante terca, como buena Tauro, y a veces me siento miedosa. Me encanta bailar, en definitiva divertirme. La naturaleza es una de mis grandes pasiones. Para mí, la naturaleza es un ejemplo de vida; más que un ejemplo, es una lección de la vida. Solamente nos tenemos que fijar en ella, cómo funciona, qué necesita... Ahí tenemos la respuesta y por esa razón me siento tan profundamente conectada con la naturaleza.

En mi papel de madre, esposa y empresaria, siempre he intentado dar lo mejor de mí y, por encima de todo, que mi familia se sintiera orgullosa de la persona en que me he convertido: una madre cariñosa, una esposa comprometida y una empresaria decidida... En definitiva, ¡una LUCHADORA!

Nunca me permití ser yo misma, hacer las cosas que me gustaban como dedicarme tiempo para mí misma. No me habían educado para eso, y en mi «mundo de Matrix» no era lo correcto.

¿Puedes ser tú mism@? O ¿te permites ser tú mism@?

Mi viaje de transformación

Mi viaje de transformación comenzó con la llegada del covid el 1 de marzo de 2020, hace cuatro años, cinco meses y nueve días. Justo venía de una operación de varices en ambas piernas y había estado en reposo durante unas semanas. Luego, el 15 de marzo, entramos en estado de alarma y se cerraron todos los negocios, excepto los de alimentación y hospitales. En medio de todo esto, recibí mi diagnóstico de cáncer el 23 de diciembre de 2020.

Desde entonces, ya no soy la misma. Esa Sònia ha experimentado una profunda transformación (o despertar, como prefieras llamarlo). Ahora vivo, siento y disfruto la vida de una manera completamente diferente. Ahora me siento yo misma, fuerte, donde tomo mis propias decisiones. He de confesarles que, al padecer tan dura enfermedad, cuando te hacen el diagnóstico, te embargan los miedos; no sabes en qué estado está el cáncer, esa palabra maldita que cuando la oímos nos pilla como la mejor de las películas terroríficas, pero al mismo tiempo, la palabra cáncer me ha enseñado a ser valiente, a tener esperanza... y que todo es posible.

El análisis que obtengo de toda esta experiencia es de todo menos negativa, y ustedes pensarán: «¡Se habrá vuelto loca!». Pues no, déjenme que les explique:

En el momento del diagnóstico, primero hubo el proceso de aceptación y preguntas como «¿qué estoy haciendo mal?».

Y entonces me di cuenta, una vez procesado, de que todo lleva su tiempo, que en todo mi ser se produjo un cambio, escuché un clic, y solo fue entonces que tomé consciencia de qué tenía a mi alrededor, me di cuenta de que era una persona amada y que correspondía con este amor.

Vivimos en un mundo tan rápido, que no somos conscientes de nuestros actos. Todo lo que hacemos lo hacemos por costumbre, por puro movimiento repetitivo.

Y cuando se produjo ese clic en mi interior, me hizo ser consciente de mirar desde el corazón, desde el amor más sincero y mirar con gratitud TODO lo que me rodea.

Aunque ha sido un camino difícil llegar hasta aquí, debo decir que me siento más viva que nunca. Este proceso me ha proporcionado las herramientas para ser auténticamente yo, para priorizarme y cuidar de mi bienestar. Esto no me convierte en una persona egoísta; al contrario, he aprendido que, así como dedico tiempo a mi familia, también es fundamental dedicarme tiempo a mí misma. Este autocuidado me permite seguir creciendo y disfrutar de todo lo que me hace feliz y alimenta mi alegría.

He descubierto que este enfoque me hace sentir más segura, casi invencible. Cuando experimenté ese clic en mi interior, me di cuenta de la importancia de mirar desde el corazón, con el amor más sincero, y de apreciar con gratitud TODO lo que me rodea.

Mi historia

Cada caso es único y esta es mi propia historia, contada desde mi experiencia y cómo la viví, cómo la sufrí y lo que significó para mí. Tras la llegada de la pandemia y el cierre de mi negocio, la situación fue desafiante. Yo, por aquel entonces, venía de mi primera baja laboral después de tantos años como autónoma. Decidí operarme; ya no podía esperar más, y justo cuando llevo una semana trabajando, nos dicen de un día para otro que tengo que bajar puertas. ¿Cómo? Nos encontrábamos delante de un virus del que poco sabíamos.

Delante de la incertidumbre, de la poca información que nos daban, se generaban un montón de dudas, de preguntas, como, por ejemplo, cuántos días nos dejarían cerrados nuestros negocios. La falta de información me hizo plantear la idea de si sería necesario verme obligada a despedir a mi trabajadora.

¡Bufff! ¡Entré en *shock*, supongo que como millones de personas!

¿Recuerdan las impactantes imágenes en televisión, las noticias sobre la economía, las guerras...? Lo que experimentamos en el 2020, ¿fue realmente una provocación? ¿Estábamos frente a una especie de guerra química?

Jamás olvidaré, nunca olvidaremos esos días en los que no podíamos ver ni abrazar a nuestros padres, abuelos, familia, etc.

¡Qué situación tan difícil! Nosotros, que somos de sangre mediterránea, que necesitamos el contacto de una mano amiga, un beso, nos veíamos obligados a mantener distancia con nuestros seres queridos para garantizar su bienestar.

Mi mente estaba en plena tormenta de pensamientos negativos, con la interrogante principal de qué hacer con mi compañera de trabajo. ¿Cómo iba a hacer frente a las facturas, al alquiler... si me veía imposibilitada de trabajar?

Después de eso, logré verlo como un descanso y una oportunidad para disfrutar con mi familia del hogar. Trataba de no estar pendiente de la televisión y el mayor estrés era simplemente salir a hacer la compra.

Después, el Gobierno nos comunica que los salones de belleza son servicios esenciales, que su funcionamiento es vital y nos autoriza a reabrir nuestras puertas. Sin embargo, esta decisión viene acompañada de estrictas y complejas normativas que debemos cumplir a rajatabla: atención individual, sin presencia de clientes en las salas de espera, uso obligatorio de guantes, mascarillas, separadores y desinfectantes, entre otras medidas de seguridad indispensables.

Personalmente, tengo la costumbre de hacerme una revisión cada año nuevo, como si fuera una ITV. Esto incluye análisis de sangre, chequeos ginecológicos, ecografías ¡y todo lo necesario para asegurarme de que estoy bien de salud!

Pero con la llegada del covid, todo quedó anulado hasta el próximo aviso y, como no era urgente, por aquel entonces era mejor no pisar un hospital.

Poco a poco, nos fuimos acostumbrando a esa situación, aunque con el corazón encogido y el miedo al contagio. Recordábamos a todas esas almas que se habían marchado y a las que estaban en el hospital muy graves. Cada noche, salíamos a los balcones a tocar cacerolas, animando a los médicos, enfermeras y a todos aquellos que, día tras día, salían a ayudar.

Con la llegada de septiembre, una «vocecita», llámala como quieras, me susurró: «Mira, si este año no te haces la revisión y hay algo...».

Escuché con claridad la indicación y, sin dudarlo, me mentalicé para la mamografía y la ecografía, a pesar de que la cita estaba programada para finales de octubre. Acepté la situación y esperé pacientemente. Mi compañera estaba de nuevo a mi lado y las cosas iban mejor; podíamos trabajar juntas con separadores y sin esperas en la recepción, donde la gente aguardaba afuera.

Cuando llegó el día de las pruebas, fui sola como de costumbre. Me sometí a ellas y luego esperé en la sala para los resultados. La enfermera me llamó y el médico de manera apresurada me indicó que había cosas que analizar. Al salir, pensé en visitar a mi ginecóloga y me dirigí allí sin dudarlo.

No me dio tiempo a pensar mucho más. Al llegar, le expliqué a la enfermera y llamó para reservar cita para la punción. Me dijo que estuviera tranquila, que no siempre se trataba de cáncer, que podían ser quistes sin importancia. Le agradeceré siempre su ayuda; estaba tan nerviosa que no daba pie con bola para llamar por teléfono … y me daban cita para el mes de enero. Ella llamó a otra clínica y me dieron para la semana siguiente. Entonces sí respiré tranquilla, y con voz amiga y un guiño me dijo que le debía un jamón a alguien (y justo en ese momento tan malo para mí, ella logró sacarme una sonrisa).

Por la forma de tratarme, por su gestión, por su empatía y simpatía, le estaré agradecida siempre.

Mientras todo esto sucedía, recordé la voz interior que me había aconsejado. Agradezco haberle hecho caso, aunque a veces no solemos detenernos a escucharla. Afortunadamente, en este caso tenía razón.

Me extrajeron las muestras y tocaba esperar los resultados. Les dije que fueran lo más rápido posible, que no me dejaran todas las navidades a la espera. Con todo lo que estaba pasando, era complicado, ya que estaba todo colapsado.

¿Cómo lo hacen? Es una máquina que te coge el pecho como cuando te hacen la mamografía y dentro hay una aguja grande. Te ponen anestesia antes de empezar y desde el ordenador el ecógrafo coge las coordenadas y no falla. Te pinchan en el lugar, te cambian de postura para ver mejor y así varias veces. Superrápido. Se agradece, la verdad, y a esperar.

Mi marido y yo intentamos seguir con la vida normal y dejar pasar los días. Con el trabajo que tenía a las puertas de Navidad y con el covid, fue fácil desviar la atención para mí. Él me decía «tranquila, no será nada» e intentaba transmitir tranquilidad para no preocuparme, pero algo me decía que sería positivo en cáncer. No era la vocecita, sino una sensación, no sé cómo explicarte.

Recibo la llamada y me informan de que tengo una consulta con el oncólogo el 23 de diciembre por la tarde. En ese momento, lo tuve claro: si me citaban con el oncólogo era por algo relacionado con el cáncer. Mis pensamientos iniciales giraron en torno a cuestiones prácticas: ¿qué haré con mi trabajo? ¿Cuánto tiempo estaré de baja? ¿Cómo afectará esto a mi economía, especialmente siendo autónoma? ¿Debo cerrar de nuevo por la pandemia? ¿Qué pasará con mi familia, mi esposo, mi hijo, mis padres?

Fuimos juntos hacia la consulta. En la sala de espera, antes incluso de recibir la noticia, su expresión facial ya revelaba la gravedad del diagnóstico. Con una sonrisa en el rostro, le dije al oncólogo: «Dímelo directamente, es cáncer, no hay problema». Recuerdo con claridad cómo él se esforzaba por comunicarme la noticia, mientras le comentaba de forma irónica: «Vaya regalo de Navidad me has dado».

Mi marido y yo nos miramos y apretamos nuestras manos y empezó todo el proceso: más pruebas, para tener más datos sobre el cáncer, zonas afectadas, etc. A todo esto tuve que dejar de trabajar para no tener riesgo de contagio, porque tenía que ir casi cada día o cada semana al hospital, no retrasar el tema si me contagiaba. Todo el proceso, pruebas, diagnóstico, operación, fue por la privada, menos la radioterapia, que solo se podía hacer en la pública, ya que con el covid en el hospital público se hubiera retrasado mucho más.

Nadie de la familia sabía ni se dio cuenta hasta que después de Reyes, cuando ya teníamos todos los datos y fecha de operación, les dijimos qué pasaba. El covid, a eso sí le doy las gracias, me ayudó a darme tiempo para mí y mi marido, poder asimilar, hablar con el niño y luego con la familia y amigos más cercanos. Ahora os explico por qué.

Eran las vacaciones de Navidad, pero como estaba la pandemia, no nos juntamos en familia, cada uno en su casa para evitar contagios, todo por teléfono y videollamada. Para mí fue ideal y me permitió ganar tiempo, en la pelu nadie sabía nada. Todo perfecto en ese sentido. Me puse a indagar, a buscar información sobre el tema. Mi amiga que trabaja en la biblioteca me trajo libros y empecé mi búsqueda. Mi marido también lo hacía por su lado, aunque nos decían que no lo hiciéramos: era inevitable, pero la búsqueda fue en páginas oficiales, para contrastar la información que nos iban diciendo los médicos. Nos quedamos más tranquilos. Además, tenía la suerte de conocer a una psicóloga de la unión de cáncer mama a la que llamé nada más salir de la consulta. Mi mayor miedo era cómo se lo diría a mi hijo y a mis padres. Nadie está preparado para eso, me puse fatal pensando en eso, pero ella me lo puso fácil, me tranquilizó y me dijo cómo hacerlo.

Gracias a Dios, mi diagnóstico no era muy malo; se llamaba **CARCINOMA INTRADUPTAL, TIPO SÓLIDO DE ALTO GRADO NUCLEAR CON NECROSIS.** Me sacaron siete muestras. Entonces tenía 45 años y me operaron el 19/01/21. Antes llegó el momento de comunicarlo a mi hijo, él tenía 13 años entonces, y le expliqué, como me habían recomendado, sin decir la palabra «cáncer», que me tenían que operar y después tratamiento durante un tiempo. Así, mientras hacíamos la cena, algo natural, sin más. Él me dijo «vale, mamá», tan tranquilo. Fue más adelante cuando me preguntó más claramente si era cáncer, y le expliqué que no tuviera miedo porque era un cáncer que tenía cura y se quedó tranquilo. Con mis padres, hermano y suegra, cuñados y amigos, lo normal: «SUSTO», pero luego al responder todas las dudas y explicar todo, se quedaron más o menos tranquilos. No tengo tan mal recuerdo. Me lo pusieron muy fácil y lo agradezco por ello, poco a poco en la pelu se fue explicando también. Después llegó la radioterapia, más tratamiento hormonal y una inyección mensual que yo misma me pongo (la llamo arpón cariñosamente, por lo grande que es) durante 5 años.

Si has pasado por eso o algo parecido, ya sabes a qué me refiero. Te preocupas de las personas que quieres, no las quieres ver sufrir, no te preocupas por tu estado, sino por el de ellos, cuando lo que te dice la psicóloga es: «TÚ eres la importante a partir de ahora».

¡Sí, aguanté sin decir nada a nadie!, tomé esa decisión que sigo pensando que era la correcta. Mi marido me apoyó en todo momento, siempre a mi lado; no hacían falta palabras, con las miradas teníamos bastante. Sus abrazos eran mi refugio de calma y seguridad. Mientras tanto, empecé a leer mucho sobre el tema, psicología, alimentación, libros de meditación para calmar mis nervios y mi mente. Libros sobre el cáncer de mama que te ayudan y explican el paso a paso del proceso. Aunque el doctor nos lo explicaba perfecto y resolvía nuestras dudas, me gustaba ver y leer otros casos parecidos. También entré en internet, en Instagram, y seguí a varios grupos que hay donde las propias pacientes, muy jóvenes por cierto (la edad no tiene que ver con esta enfermedad, hacerse

La vida es un regalo maravilloso que se nos otorga al nacer con el primer aliento y nos deja al exhalar el último aliento en nuestra despedida final.

¿No crees que es el regalo más precioso que hayas recibido jamás?

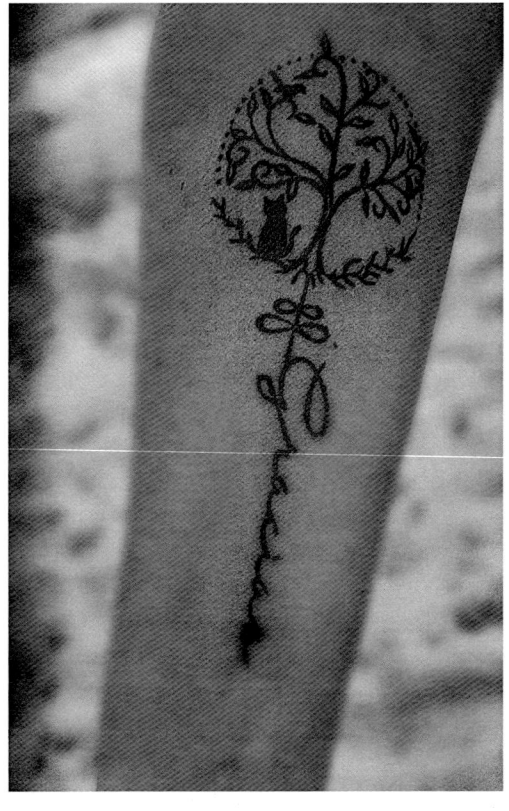

controles rutinarios es importante, tengas veinte, treinta, cuarenta años. Ve pagando si es necesario, no hay mejor inversión que tu salud), explicaban sus procesos y animaban a seguir la lucha y vivir el presente.

Agradezco también a la familia, amistades y client@s que también me hacían llegar su cariño en tiempos de covid. Era difícil o imposible moverse, desplazarse. Hay que decir que el móvil e internet nos ayudaron mucho en ese momento.

Con todo este proceso, mi visión de la vida, del presente, de ver el mundo empezó a transformarse y transformarme y doy gracias a ello. Siempre digo que gracias al cáncer desperté y empezó mi transformación en la Sònia del presente. Fíjate que yo nunca me había hecho un tatuaje y me animé a hacerme uno, hice mi propio diseño, este fue un gran paso para mí. Gracias por ser la dueña de mi propio cuerpo.

Ahora, tenía tiempo para mí y quería disfrutarlo, estar lo más presente posible y empaparme de todo. Agradezco infinito a dos amigas muy cercanas por tenerlas a mi lado en estos momentos tan difíciles. Ellas ya están en este despertar hace años. A mí me interesaba bastante, pero no me decidía a entrar (por lo mismo de siempre: qué dirán, miedos, etc.) y en este momento entendí que yo solo podía tomar esa decisión y que me daba igual la opinión de los demás. Empecé a meditar diariamente, frente a mi ventana, donde tengo bonitas vistas al salir el sol, dando gracias cada día por ese regalo; empezaba a mirar las cosas con otros ojos, cosas que siempre había visto. Ahora tenían una gran belleza, era como si lo hiciera todo por primera vez, disfrutando y valorando como un regalo. He leído bastante sobre esto, y sucede bastante a personas como yo o tú, que lees estas letras, quizás te está pasando una situación parecida.

Cantar mantras me ayudó mucho. El ho'oponopono, ¿lo conoces?, con sus palabras sanadoras: **lo siento, perdóname, te amo, gracias.** Cada día aprendo cosas nuevas, talleres y cursos donde conozco personas bellísimas de corazón, y eso me ayuda mucho a seguir creciendo y aprendiendo a hacer las cosas desde el amor, vivir y amar la vida, la naturaleza y todo lo que nos rodea.

De repente, sentía las cosas de otra manera. Reconozco que ahora hay cosas a las que no presto atención, como la televisión, prefiero leer, estar en silencio, tener una conversación en familia. Cuánto nos perdemos (nos roban la atención de lo que pasa a nuestro alrededor). Ahí fue donde me di cuenta de que algo estaba cambiando en mí: las cosas que antes me alteraban y preocupaban muchísimo ahora ya no eran tan importantes. Lo más importante es el ahora, el ayer ya pasó y el futuro todavía no ha ocurrido.

Me di cuenta de que nunca me había parado a escucharme, sentirme, preguntarme si estaba de acuerdo con esa decisión. Estoy aprendiendo a quererme y conocerme tal cual soy ¿Tú te conoces realmente? ¿Conoces todas tus caras?

En la felicidad, en la tristeza, en la rebeldía, en la inseguridad...

Me he dado cuenta de que no me amaba tal cual soy, con las cosas buenas y no tan buenas. No respetaba mi cuerpo. Sí, es la casa donde vivo y no lo respetaba, amaba y atendía como se merece.

Con esto no culpo a nadie, es el mundo en que vivimos, nos envuelve y nos atrapa, es la matrix, como yo la llamo. Se vive en el hacer y no desde el ser, donde el parar no está bien (es perder el tiempo), cuando es al contrario, el cuerpo necesita parar. Para poder estar sano, necesita respirar conscientemente, tan fácil y tan difícil al mismo tiempo. Las obligaciones familiares, el trabajo, todo está antes que uno mismo.

¡Hagámoslo! Haz la prueba, ponte delante del espejo un momento, y mírate con atención. ¿Qué ves? ¿Te gusta lo que ves? ¿Cómo te sientes?

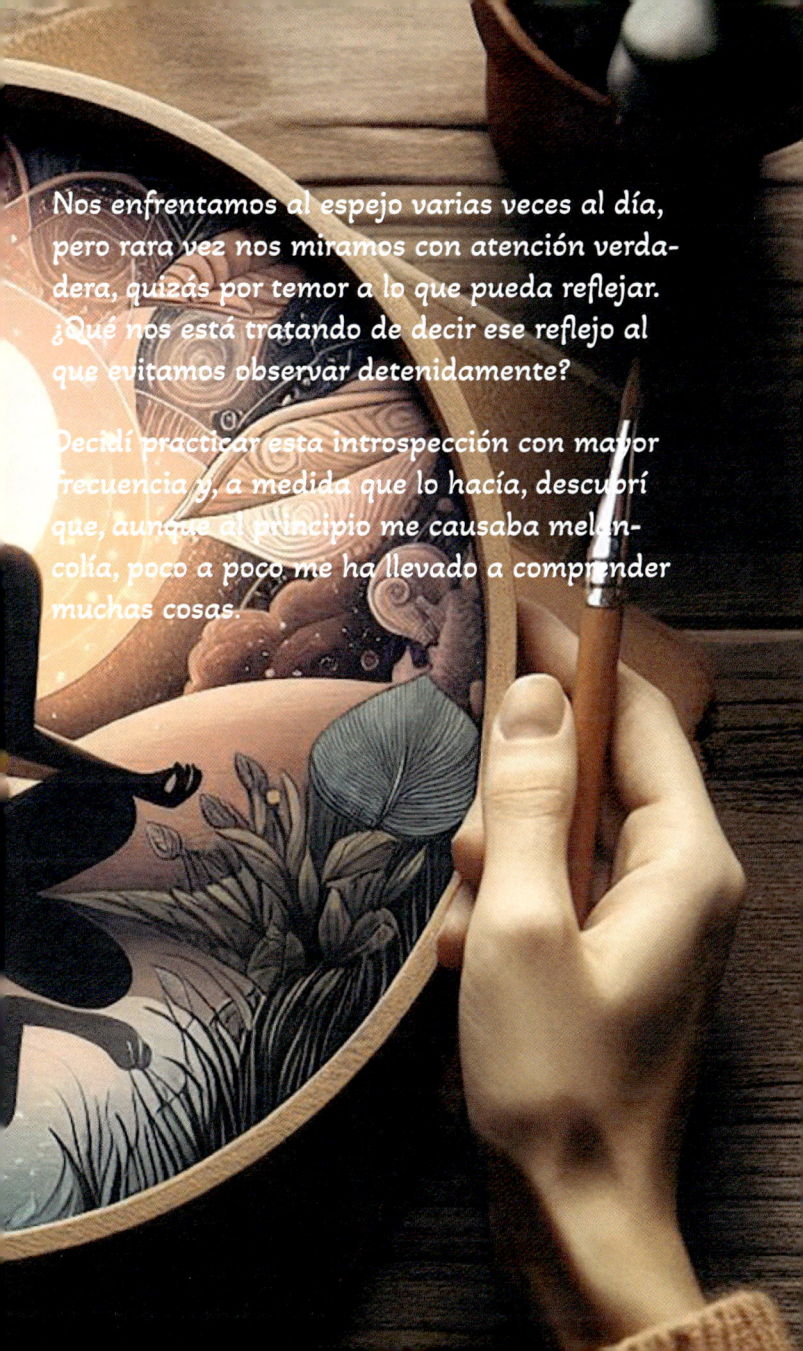

Nos enfrentamos al espejo varias veces al día, pero rara vez nos miramos con atención verdadera, quizás por temor a lo que pueda reflejar. ¿Qué nos está tratando de decir ese reflejo al que evitamos observar detenidamente?

Decidí practicar esta introspección con mayor frecuencia y, a medida que lo hacía, descubrí que, aunque al principio me causaba melancolía, poco a poco me ha llevado a comprender muchas cosas.

¿Quién soy?

¿Qué he hecho con mi vida?

¿Por qué siempre he sido tan dura conmigo misma?

¿Por qué me he castigado haciendo, sin pensar si eso era lo que yo quería o sentía?

¿Por qué me he negado a mí misma?

¿Por qué no me he apoyado y mostrado al mundo tal cual soy?

¿Por qué decía sí, cuando quería decir no?

¿Por qué no cantaba y reprimía mi voz?

¿Por qué siempre he buscado la aprobación de los otros, en vez de ser yo misma y expresar mi verdad?

¿Por qué ahora me doy cuenta de que muchos miedos no son míos?

¿Por qué ahora me doy cuenta de que todo es ahora?

¿Por qué no me dedico tiempo para mí y tengo una cita conmigo misma?

¿Por qué a mí? ¿Porque tiene que pasarte algo fuerte, una enfermedad, un accidente grave, para abrir los ojos y despertar?

Me parece que nuestra sociedad está enferma, nos movemos como marionetas sin ser realmente auténticos. Parece que simplemente existimos, en vez de vivir con pasión y libertad. Pero *¿qué sucede cuando alguien decide vivir en el momento presente, respirar de forma consciente y practicar la atención plena?* Esta elección puede transformar tu forma de vivir, pensar y actuar de manera radical. En nuestra sociedad actual, ser diferente es considerado extraño y no siempre es fácilmente aceptado. A menudo nos dicen cosas como: «Eso que estás viviendo ahora se te pasará pronto». Al menos eso me decían a mí.

No quiero dejar atrás a la Sònia actual, esta es la verdadera versión de mí misma. Es la niña que fui en algún momento y que se había perdido, aquella versión libre y feliz que disfrutaba haciendo, creando, bailando, cantando, dibujando y participando en manualidades, cursos y formaciones sin preocuparse por el juicio de los demás. Aunque solía ser dura conmigo misma, estoy en un proceso constante de aprendizaje y crecimiento personal.

Aprender a hacer las cosas desde el amor, la gratitud, aprender a perdonar y perdonarme, aprender a escuchar y escucharme, a sentir y sentirme, a amarme con lo bueno y no tan bueno y así, paso a paso, voy caminando y fluyendo, aprendiendo cada día que soy un ser de luz lleno de amor, que todo está conectado, que todos somos uno: la naturaleza, los animales, las personas…

Todo esto que te estoy diciendo no significa que no sea consciente de que la maldad existe, lo bueno y lo no tan bueno. Las guerras, los terremotos, los asesinatos sí, están ahí, no lo olvido. Lamentablemente, existen las peleas y los enfados, pero todo tiene un porqué, para encontrar el equilibrio, porque sin el mal no existiría el bien, no valoraríamos los momentos buenos. No quiero que me malinterpretes: la maldad, la tristeza, la muerte forman parte de la vida aquí, en este plano; aunque no nos gusten, aprendemos y crecemos con ellos.

Como mencioné anteriormente, para mí este cáncer no es un castigo, ni una cuestión de karma, ni una lotería que me ha tocado.

Yo siento y soy más consciente de que mi enfermedad viene de todos esos miedos, decisiones, elecciones, pensamientos, de no cuidar mi alimentación, de no hacer ejercicio, de sentimientos no expresados, no realizados libremente, de secretos no contados para no hacer daño y que me envenenan por dentro. Todo ello a lo largo de mi vida (infancia, adolescencia, el presente y el covid), y este es el resultado: un toque de atención que mi cuerpo me dio. **Se acabó, esto es todo, ya no puedo más, esto tiene que parar. Y me «paró» de golpe, con el diagnóstico de ese cáncer. Pienso que cada persona lo transmuta a su manera; puede ser cualquier enfermedad.**

No quiero que malinterpretes mis palabras; no estoy sugiriendo que tú seas responsable de lo que ha sucedido. Mi intención es simplemente transmitir que la energía y la conexión con nuestro cuerpo físico se manifiestan de maneras que nos hacen más conscientes de su presencia. Nuestro mundo interior está profundamente entrelazado con el mundo exterior, en una danza equilibrada entre el yin y el yang, donde lo interno se refleja en lo externo, creando una unidad armoniosa.

Somos mucho más que un simple cuerpo físico, somos seres energéticos, emocionales, mentales... Cuando alguno de estos aspectos no está en armonía, es cuando enfermamos, cuando perdemos ese equilibrio vital.

En mi opinión personal, percibo que, al negarnos, nuestra luz interior se debilita y enferma. Sin embargo, incluso en medio de esa oscuridad existe una chispa de luz. Si prestamos atención a esa luz, la cuidamos, la contemplamos y la escuchamos conscientemente, se transforma en algo hermoso, valioso y lleno de energía vibrante.

Estoy descubriendo el placer de esta nueva conciencia que he adquirido recientemente. Aunque a veces me veo arrastrada de nuevo por las exigencias de la vida, mis prácticas diarias de meditación me ayudan a regresar al momento presente, a mi mundo interior. Al respirar profundamente y hacer una pausa, esta rutina me reconecta con mi centro y me permite escucharme a mí misma, prestar atención y sentirme en armonía de nuevo.

En este proceso he comprendido que mi cuerpo es mi hogar, el lugar donde resido temporalmente. Sé que tiene un límite de tiempo, por lo que he aprendido la importancia de cuidarlo y amarlo. He valorado que **mi mundo interno es tan crucial como el mundo externo,** y pienso que esta lección debería transmitirse como parte fundamental de la educación, quizás incluso como una asignatura escolar.

Siento que, en este momento, ya percibo un pequeño cambio. Nosotros mismos somos tanto nuestros mejores amigos como nuestros peores enemigos.

Durante mi proceso de enfermedad, tuve que someterme a dos intervenciones quirúrgicas, tal y como me había indicado mi médico. El proceso fue algo tedioso pero necesario. Tras la primera cirugía, que incluyó curas y tratamientos para el seroma, tuve que someterme a una segunda intervención para asegurarnos de limpiar cualquier residuo que pudiera haber quedado en los márgenes.

Posteriormente, el equipo médico especializado en cáncer de mama determinó que necesitaba recibir radioterapia. El tratamiento duró una semana, teniendo que acudir al hospital diariamente. Dado el contexto de la pandemia de covid-19, me recomendaron que fuera sola a las sesiones, ya que la zona del hospital destinada a pacientes oncológicos con sistemas inmunitarios debilitados era un espacio de alto riesgo.

En ese entorno hospitalario especializado, las enfermeras me brindaron una excelente atención, explicándome detalladamente el proceso, preparándome para cada sesión y proporcionándome información sobre el cuidado de la piel. Incluso me marcaron la zona a irradiar con unos puntos similares a tatuajes. Además, la misma máquina se posicionaba para realizar el tratamiento con precisión.

Recuerdo claramente la sensación de frustración que experimenté durante la Semana Santa pasada. En mi zona, los constantes cierres y aperturas de carreteras nos tenían a todos un poco desconcertados y agobiados. Tenía tantas ganas de salir, disfrutar y retomar la normalidad después de enfrentar la pandemia, la enfermedad y las restricciones... Sin embargo, la situación no parecía mejorar, lo que me obligaba a permanecer en casa la mayor parte del tiempo.

A pesar de las limitaciones, encontré consuelo en pequeños momentos al aire libre, caminando con mis padres y amigas, manteniendo siempre las medidas de seguridad para proteger mi salud y continuar con mi tratamiento. Además, descubrí nuevas formas de ocupar mi tiempo en casa, como sumergirme en la lectura, la meditación y la escritura, una práctica que resultó ser una terapia invaluable, como me recomendó mi psicóloga. La escritura terapéutica, como la llamo, se convirtió en un refugio donde podía expresar mis emociones, reflexionar y encontrar paz en medio de la incertidumbre.

Además, decidí explorar el mundo culinario, dedicando tiempo a cocinar deliciosas y saludables recetas. Esta actividad no solo me permitía cuidar mi bienestar físico, sino que también me brindaba un espacio de creatividad y satisfacción. A través de estas pequeñas prácticas diarias, logré encontrar un equilibrio emocional y mantener una actitud positiva a pesar de las circunstancias desafiantes. ¡Siempre recomendaré estas formas de cuidado personal para sobrellevar momentos difíciles como los que vivimos durante aquel periodo!

Quiero compartir una experiencia muy especial que viví durante aquel periodo: la presencia de mis dos adorables gatitos, Max y Mía (Mía en particular), que se convirtieron en mis compañeros inseparables. Esa gatita negra era única y nuestra conexión era tan profunda que resulta difícil de describir con palabras. Recuerdo que, a pesar de mi delicado estado de salud, Mía siempre encontraba la manera de estar cerca de mí. Cuando me tumbaba, ella se acercaba y se acurrucaba en mi pecho, buscando consolarme con sus suaves caricias y ronroneos.

Aunque a veces me dolía y la apartaba con ternura, Mía insistía en regresar una y otra vez, ofreciéndome su amor incondicional. Se dice que los gatos tienen la capacidad de transmutar la energía a su alrededor, y en el caso de Mía creo firmemente en ello. Curiosamente, poco después de que comenzara con mi medicación, Mía enfermó gravemente de PIF, una enfermedad que afecta a los gatos, similar a la leucemia. A pesar de nuestros esfuerzos y tratamientos, lamentablemente perdimos la batalla contra la enfermedad.

El recuerdo de Mía permanece vivo en mi corazón y en un tatuaje especial que llevo como tributo a su amor incondicional y su presencia reconfortante en aquellos momentos difíciles. Su espíritu juguetón, su cariño desinteresado y su compañía fiel dejaron una huella imborrable en mi vida. A través de esta conexión única con Mía, aprendí el valor de la compasión, la lealtad y el amor incondicional que nuestros amigos peludos pueden ofrecer, incluso en los momentos más difíciles. Ahora tengo a mi Max, un amor. Él está bien; nos dijeron que se podía contagiar, pero finalmente todo fue bien.

El último día de radio decidimos ir a comer los tres juntos. ¡Era el momento perfecto para celebrarlo! Luego nos escapamos a la montaña unos días, lo cual fue muy emocionante para mí. Regresaba a un lugar de mi infancia, al que siempre íbamos y que ahora sigo visitando, pero lo disfruto mucho más con este nuevo sentido de la vida. La belleza del entorno es inmensa; me encanta el contacto con el bosque, el río y andar descalza.

Sentía que necesitaba salir de casa, de mi ciudad, para recargar energías y disfrutar con mi familia. Andar fue una de las recomendaciones del doctor durante el tratamiento de radio: caminar, en lugar de quedarme en el sofá, por muy cansada que me sintiera, era lo mejor para limpiar mi organismo, así que lo hice, incluso me apunté al gimnasio para continuar con mi recuperación. La medicación que me daban causaba bastante malestar, dolores articulares y cansancio, así que moverme se convirtió en mi mejor terapia. La verdad es que, poco a poco, fui sintiéndome mejor. Aquí sigo, con el tratamiento, más de cuatro años después. ¡Ya queda menos! ¡Ja, ja, ja!

Después de la operación, al poco de empezar a trabajar, empecé a tener problemas con el brazo, debido a la extracción de dos ganglios (linfedema) en la axila (ahora el brazo está perfecto). Me hice socia de la AECC y allí me ayudaron con la rehabilitación del brazo, pero con la que más he tratado es Adima (asociación de cáncer de mama).

La medicación consistía en un tratamiento hormonal de cinco años, ya que aún menstruaba. Fui inducida a la menopausia durante ese periodo con una combinación de una inyección y una pastilla diarias. Esto era necesario para mantener bajo control mis células y prevenir una recurrencia del tumor hormonal. Actualmente estoy en la cuenta regresiva de este tratamiento. ¡Ya falta menos para finalizarlo!

Mi oncóloga es una profesional excepcional, siempre atenta a mis necesidades y estado emocional. Está disponible para mí tanto personalmente como a través de correo electrónico para aclarar cualquier duda que pueda surgir.

En mi caso, la medicación puede resultar molesta, pero he aprendido a aceptarla sin permitir que domine mi vida. Continúo con mis rutinas de ejercicio, estiramientos, meditación y una alimentación saludable, cuidando mi bienestar más que nunca. He incorporado la homeopatía, un nuevo descubrimiento para mí, que me ha brindado un gran apoyo. Al cuidar mi cuerpo, me centro en eliminar tantas toxinas como sea posible, prestando especial atención a mi dieta y reduciendo al mínimo el consumo de azúcares, que se sabe que alimentan a las células cancerígenas.

Descubriendo mi presente, mi trayectoria

No te voy a negar que he tenido una crisis con mi vida, con el trabajo, con el negocio. Ya no tenía ganas de seguir con esa vida. Yo ya no era la misma y me tomé el tiempo para descubrir lo que necesitaba, para escuchar a mi cuerpo. Solo necesitaba escucharme, así que me marché unos días para despejarme. Me marché con un grupo de personas y dos amigas a un retiro.

Antes de empezar a trabajar, necesitaba un *reset*. Lo que me había ocurrido era real: el covid, la enfermedad. Ahora, en este instante, parece como si nada hubiese ocurrido. Pero yo no me sentía así, algo había cambiado. Es algo que ocurre con frecuencia a muchas personas después de vivir algo así. Lo hemos discutido y a muchos nos sucede lo mismo. La gente te dice: «Ya pasó, sigue adelante», te da una palmada en la espalda y una sonrisa. Pero tú no lo sientes de esa manera, al menos yo no. Necesitaba tiempo para procesarlo.

Todo cambia, las prioridades se transforman y tú ya no eres la misma. Necesitamos tiempo para adaptarnos poco a poco a la rutina diaria, para enfocar nuestra mente en otras cosas que no estén relacionadas con la enfermedad, los miedos o las molestias que, además, la medicación nos causa. Los efectos secundarios, como la pérdida de memoria y la distracción, hacen que se olviden detalles cotidianos. Aunque esto ha mejorado un poco, ahora tengo que esforzarme mucho para recordar; tomo notas de todo lo importante, algo que antes no necesitaba hacer. Y, por supuesto, también enfrento los desafíos de la menopausia inducida y sus consecuencias, como el problema óseo.

Pero no importa, todos nos enfrentamos a desafíos y algunos son más difíciles que otros. Incluso considero que he sido afortunada de que mi cáncer no haya sido muy grave (por eso agradezco al universo). En mi familia paterna, el cáncer es algo común, pero de cáncer de mama es el primer caso que se presenta.

Siempre he amado y siento un gran orgullo por mi trabajo, mi negocio, ¡diecisiete años ya, cómo vuela el tiempo! Mi visión de la vida, del mundo y de mi despertar, por así decirlo, experimentó un cambio profundo y transformador. Estaba decidida a no regresar a la misma rutina de antes y a redescubrirme a mí misma.

Me concedí el permiso de detenerme para escucharme. Durante estos años, comencé la búsqueda de mi verdadero ser, algo que ahora sé que ya poseía, que estaba ahí, sepultado bajo múltiples capas que poco a poco voy descubriendo. Todas las respuestas residen en nuestro interior, todo está dentro de nosotros, no es necesario buscar afuera para encontrar las respuestas.

Empecé a ir a retiros, talleres, cursos para trabajar cositas que tenía que sacar de ese fondo. Fui a terapia con dos profesionales distintas y muchas cosas más para hacer ese trabajo personal, para poder sanar aquellas cosas que iba destapando, y una a una las fui trabajando para aliviar ese peso que todos llevamos en la mochila.

Sin embargo, es importante tomarse el tiempo necesario, sin apresurarse, ya que este proceso es una labor de toda la vida. Siempre habrá algo por sanar, ya que los seres humanos somos así. La clave está en no subestimar ni ignorar lo que está ahí, pues en cualquier momento puede surgir de repente, como una burbuja de champán que estalla sin previo aviso.

«¿Y te has preguntado qué sucede hoy? Me siento triste, enojada, ¡y no sé por qué! ¿Alguna vez has experimentado algo similar?».

El dolor, los miedos propios y ajenos, los sentimientos, las emociones, los pensamientos limitantes; reconocerlos, enfrentarlos de frente y mucho más, cada uno con sus circunstancias, sus lecciones. Agradezco todo ello y sigo trabajando en mi crecimiento personal.

Debo admitir que siempre he tratado de mostrarme fuerte, siempre lo he hecho. Sin embargo, en realidad soy una persona temerosa. Mi primera reacción es actuar con valentía y seguir adelante (es mi manera de protegerme y encontrar fuerza). Después de un tiempo, el temor surge, igual que le sucede a todo el mundo. Aunque sabemos que no hay riesgo de muerte, queda esa sensación residual, pero poco a poco he superado ese miedo.

Poco a poco comencé a permitirme hacer aquellas cosas que siempre me había negado. Me di permiso para reunirme con amigas cada quince días y meditar, para llevar a cabo un trabajo personal. También me permití disfrutar de baños de cuencos de cuarzo y me apunté a un curso de canto transpersonal, gracias a una buena amiga que me lo recomendó. Desconocía por completo la existencia de algo similar, y ahora me siento muy feliz por haberme permitido algo que en el pasado habría evitado por preocuparme por la opinión de los demás. Estoy ansiosa por continuar con el segundo curso.

He aprendido algo fundamental en este proceso: **mi vida es mía, yo la vivo a mi manera. Y** algo más importante: si yo no estoy bien, mi entorno tampoco lo estará. Todo está interconectado. Claro que no todo es perfecto, pero ¡qué diferencia cuando dejas atrás las cargas innecesarias, cuando actúas desde tu verdadero ser y no desde el hacer! También me permití formarme como guía de meditación, lo cual me ha llevado a impartir talleres, cursos, clases semanales y encuentros en mi espacio, que ahora es un salón consciente.

Sí, sí, como lo oyes. Maravilloso, ¿verdad?

Las iniciales SBC significan SALÓN DE BELLEZA CONSCIENTE.

Mi nuevo proyecto, mi nueva versión, porque yo soy yo, Sònia Bravo Clarisó, representa mi nueva visión de la vida, que me acompaña en esta nueva etapa. Abro un espacio donde puedo cuidar tu belleza interior y exterior. ¡Porque con ayuda pude comprender que podía integrar mis dos pasiones, no debían estar separadas! Esta soy yo ahora, y necesitaba tiempo para comprenderlo y empoderarme, confiando en mí misma. Quiero agradecer aquí y ahora a una cliente (la gallega), a la menor de mis primas y a una buena amiga por sus consejos.

Un salón de belleza donde puedes parar, respirar, donde puedo cuidarte por dentro y por fuera, porque es muy importante encontrar ese Equilibrio. En este mundo solo se valora el exterior, cuando lo más importante está en el interior; sin eso, estamos vacíos, tristes, enfermos. En mi salón puedes encontrar tratamientos para tu cabello, rituales de belleza, meditación, terapias holísticas en las cuales me he formado y que realizo con mucho amor.

Reconozco que siempre me ha atraído este mundo: cartas, astrología, terapias holísticas, pero a mi alrededor no encajaba, las opiniones no eran positivas y la Sònia de antes pues simplemente lo apartaba, como tantas cosas, por no confrontar, por no dar problemas. Evitar problemas por no encajar o no seguir la corriente, con estos temas y muchos otros… ¡Claro!

Pero ahora siento que puedo hacer lo que quiero, que no pasa nada por ser yo, que puedo hacer y soy capaz de ser yo tal cual soy, que si me equivoco no pasa nada, lo intenté. Abrirme al mundo sin miedo a risas y reproches.

Esta soy yo, me doy la bienvenida, me reconozco y me amo mucho más. Estoy aprendiendo cada día, me respeto, me escucho, me valoro y me siento feliz. Por eso, experimento la vida con todos los sentidos, como si cada día fuera un renacer. Agradezco por este regalo cada mañana al despertar y al irme a dormir, reflexionando sobre si podría haber afrontado las situaciones de otro modo, qué hice mal o bien hoy y qué podría haber hecho de manera diferente.

Cada día reflexiono y escribo cómo puedo mejorar mañana, allí suelto y dejo ir lo que necesito (recuerda: la escritura terapéutica, que sigo practicando a diario, me ayuda a ser consciente de lo que ha ocurrido en el día).

He aprendido que en esta vida, en este plano, llámalo como quieras, hemos venido a aprender, cada uno lo suyo, pero que los unos sin los otros no podríamos hacerlo. Alguien que nos confronta, nos pone límites… Todo es para algo. Es un trabajo para toda la vida, siempre aprendiendo. Muchas de las respuestas están en mí, solo tengo que escuchar, parar, aprender, hacer las cosas desde el amor incondicional (es un gran reto). Por ejemplo, el perdón, pedirlo y perdonarte (a quien te hace daño o si tú lo haces), ser humilde, agradecido, ver más allá, seguir tu corazón.

El amor que todo lo puede, esa energía maravillosa, ser y hacer la cosas desde el amor, significa nutrir el alma, mis necesidades, serme fiel, tratarme con respeto, amabilidad, con mis errores y mis virtudes, sin juzgarme, amarme incondicionalmente para poder amar a los demás tal cual son, ser luz para mí misma y para los demás.

Ser luz para más luz.

Epílogo

Quizás tú, como lector, no entiendes algunas cosas o no las sientes como yo. Es normal, no pasa nada, no te juzgo. Yo en otro momento tampoco lo entendía.

Solo explico mi transformación, mi manera de ver la vida ahora, cómo yo me siento, lo que he aprendido, cómo veo el mundo ahora. Quizás estas pasando por algo parecido o quizá ya has pasado por aquí antes.

Siento que tengo que explicar mi proceso mi vida para que puedas entender un poco más de qué va esto (juego), que cada uno de nosotros es único, irrepetible, que no hay nadie igual que tú, que tienes tu propia luz, que somos energía, que somos ilimitados, que el aquí y el ahora «es vivir», que la vida no es mañana, no ha llegado, que el ayer ya pasó, que es ahora, que nosotros somos nuestros peores enemigos, que escuches, que abras los ojos, que nuestro tiempo aquí no es para siempre. Aprendamos todo lo que podamos los unos de los otros. Nos necesitamos cada uno con nuestros dones, porque al morir (traspasar) no nos llevamos nada material, todo es prestado. Que, tengas la edad que tengas, disfrutes y aprendas cada día.

Esta es mi experiencia, mi aprendizaje, y lo que me queda por ver y aprender, quién sabe... Ya llegará.
Aprender a vivir desde el ser me ayuda, me permite expresar mis pensamientos, mis emociones, encontrar mi

propia voz desde el amor. Me ayuda a sanar mi cuerpo y mi mente, a liberar todo aquello que ya no me pertenece o que nunca fue mío.

Por eso y mucho más le doy las gracias a mi cáncer de mama; me ha dado la oportunidad de aprender muchas cosas que quizás no hubiera tenido la oportunidad. Llámalo valentía como quieras decirlo aprender a vivir de otra forma, transformar mi visión de la vida, amarme y respetarme, ser libre, dar por el placer de dar, sin esperar nada a cambio. No pretendo cambiar a nadie, todo es tal como es, todo es perfecto.

Estoy en la familia perfecta para aprender y desaprender, para ser yo misma. No digo que la vida sea fácil, hay tristeza, muerte, miedos, desilusiones… Sigo aprendiendo cada día, a cada momento sigo creando mi propia vida, con mis decisiones, pensamientos, emociones, con lo correcto y lo incorrecto, lo bueno y lo no tan bueno, con lo real y lo no real. Piensa por un instante (todo depende de los ojos con los que lo mires) que no somos lo que vemos en el espejo, somos mucho más que eso. Tú tienes las respuestas, solo debes escuchar y preguntar en tu interior. El ego a veces nos salva la vida, pero no siempre tiene la razón.

Sigo aprendiendo cada día a escuchar mis pensamientos y sentimientos, a atenderlos sin juzgarlos ni cambiarlos, a dejarlos que fluyan, porque sé que no es para siempre; todo pasa. No lucho contra ellos, es un acto de amor a mí misma, igual que cuidar mi cuerpo con ejercicio, buena alimentación y meditación. Es igual de importante, todo el universo está en mi interior, todo lo experimento dentro de mí y me afecta en todo, física y mentalmente; por eso afecta también a nuestra salud. *Cuando meditamos observamos el movimiento de la vida.*

En el presente sigo con mi vida, con más curiosidad que nunca. Soy una principiante, sigo amando mi trabajo, agradeciendo mis dones y aprendiendo día a día el regalo de la vida, siendo luz para más luz, con los pies en la tierra, pagando facturas como todo el mundo, pero con esa nueva visión (el amor incondicional), esos nuevos ojos que me alegran y abren el corazón y el alma, y que seguro llegan y tocan los corazones que me rodean. Puede que sea esa mi misión de vida.

No se trata de sanar todo y ser perfecta. Se trata de convertirme en mi mejor aliada, mi mejor compañera, ser:

-Ese alguien en quien pueda confiar.

-Ese alguien que me escuche y consuele cuando lo necesite.

-Ese alguien que me dé fuerzas y empodere en momentos difíciles.

-Ese alguien que espero que me salve.

Te deseo un amanecer lleno de belleza y alegría. Encuentra la felicidad en cada momento, canta a la vida y reconéctate con la luz que habita en tu interior. Que esta guía interna te acompañe en tu travesía, iluminando tu camino siempre.

Un abrazo lleno de amor.
SBC

Agradecimientos

A mis dos pilares, mi marido y mis hijos, que me acompañan con su luz en este camino de vida. Juntos aprendemos y crecemos día a día. Os amo.

A mis abuelos, por traer al mundo a mis padres.

A mis padres, por vuestro amor y por darme a mis hermanos, que siempre están ahí. Yo escogí esta familia y estoy feliz por ello.

A la mamá de mi marido (no me gusta la palabra suegra), siempre pendiente y cuidando de sus hijos, nietos, nueras, yernos. Y un recuerdo para la yaya y el papá de mi marido (suegro), que siempre están presentes en nuestros corazones.

A todos los familiares (cuñad@s, sobrin@s, tí@s, prim@s), los que están y los que ya transcendieron, porque forman y han formado parte de mi vida.

A todas esas nuevas (almas) compañer@s de tribu, compañer@s de clase y profesora :) de canto transpersonal (con grandes corazones llenos de amor) que se han cruzado y están en mi camino de vida, de las que aprendo cada día.

Agradezco a mi compañera de trabajo, que estuvo siempre a mi lado y luchando por nuestro salón.

A las amigas especiales que siempre están ahí, en lo bueno y no tan bueno, dispuestas a escucharme y acompañarme, siempre con los brazos abiertos.

A todos mis clientes, por su paciencia y por seguir apostando por mi salón. En especial a dos: mi querida psicóloga (unión de cáncer de mama) y la «galleguilla».

Quiero agradecer sinceramente a una amiga que siempre está ahí y me ayuda con la decoración y el diseño gráfico del salón. ¡Su creatividad y apoyo son infinitos!

Recordar también a mi cirujano, mi oncóloga, mi ginecóloga, enfermeras, psicólogas, terapeutas, fisios. Gracias por hacer vuestro trabajo con tanto cariño y dedicación.

Todas las personas nombradas en este libro formáis parte de mi vida y sin vosotros no sería la persona que soy en este momento.

Y no me gustaría terminar SUSPIROS sin expresar mi agradecimiento a un ser especial por su amistad, cariño y por estar siempre a nuestro lado.

Gràcies a tu, Mercè, pel teu suport incondicional.
Sense tu, aquest projecte no seria possible.

Recordo el dia que vas entrar al meu saló i va ser
com un regal de l'univers. Des de llavors, he sentit
una connexió profunda, una gratitud indescripti-
ble. Ets una persona meravellosa que sempre està
disposada a ajudar, especialment als teus «nens»
i a la comunitat de l'Índia, on la teva estimació és
profunda.

Recomano els teus llibres a tothom, ja que ets una
font inesgotable d'inspiració i coneixement
(https://mercemayench.myportfolio.com).

Gràcies per ser sempre aquí quan et necessitem, ja
sigui per fer fotografies, tenir una conversa enriqui-
dora o crear un llibre com aquest. No té preu poder
comptar amb persones com tu, amb un cor tan
generós, al meu costat.